Eu tenho o direito de ser criança

Copyright © 2009 by Rue du Monde

Este livro, publicado no âmbito do Programa de Apoio à Publicação 2014
Carlos Drummond de Andrade da Mediateca, contou com o apoio
do Ministério francês das Relações Exteriores e do Desenvolvimento Internacional.

Cet ouvrage, publié dans le cadre du Programme d'Aide à la Publication 2014
Carlos Drummond de Andrade de la médiathèque, bénéficie du soutien
du Ministère français des Affaires Étrangères et du Développement International.

*Grafia atualizada segundo o Acordo Ortográfico da Língua Portuguesa de 1990,
que entrou em vigor no Brasil em 2009.*

Título original
J'ai le droit d'être un enfant

Tradução
André Telles

CIP-Brasil. Catalogação na publicação
Sindicato Nacional dos Editores de Livros, RJ

S51e Serres, Alain, 1956-
       Eu tenho o direito de ser criança / Alain Serres; ilustração Aurélia Fronty; tradução
       André Telles. – 1ª ed. – Rio de Janeiro: Pequena Zahar, 2015.
                                                                                    il.

       Tradução de: J'ai le droit d'être un enfant.
       ISBN 978-85-66642-23-0

       1. Ficção infantojuvenil francesa. I. Fronty, Aurélia. II. Telles, André. III. Título.

                                                              CDD: 028.5
14-12460   CDU: 087.5

3ª reimpressão

Todos os direitos desta edição reservados à
EDITORA PEQUENA ZAHAR
Praça Floriano, 19, sala 3001 – Cinelândia
20031-050 – Rio de Janeiro – RJ
☎ (21) 3993-7510
 www.companhiadasletras.com.br/pequenazahar
 www.blogdaletrinhas.com.br
 /pequenazahar
 @pequenazahar
 /CanalLetrinhaZ

Eu tenho o direito de ser criança

Texto de
Alain Serres

Ilustrações de
Aurélia Fronty

Tradução de
André Telles

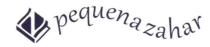

um coração e direitos.

Eu tenho o direito
de ter um nome,
um sobrenome,
uma família que sorria
para mim, um país onde
eu me sinta em casa.

Tenho o direito de ter
o que comer e beber
para crescer bem forte.

A laranja é minha fruta preferida, porque serve de comida e bebida!

Tenho o direito de
morar numa casa
bem quentinha,
mas não demais,
longe da miséria,
com tudo de
que preciso,
sem exageros.

Eu tenho o direito de ser tratado com os melhores remédios que os homens inventaram!

E de correr,
 pular,
  subir, gritar à toa:

"Viva, como a minha saúde é boa!"

Tenho o direito de
estudar de graça,
e de aprender como
voam os passarinhos,
os aviões
e as sementes
das plantas.

Eu tenho os mesmos direitos, exatamente, tanto faz eu ser menina ou menino.

Tenho o direito de receber apoio dos meus pais,

dos meus amigos
e do meu país

se o meu corpo
não funcionar
tão bem quanto
o das outras pessoas.

Tenho o direito de jamais sofrer
qualquer forma de violência,
e ninguém tem o direito de se aproveitar
da minha infância.
Ninguém.

Tenho o direito de me recusar a

trabalhar em vez de estudar.

Só quando eu tiver aprendido tudo   é que vou escolher uma profissão!

Eu tenho o direito de ser protegido pelos adultos sob um grande guarda-chuva

se chover forte,
abrigado de desastres
ou de tristezas da minha vida.

Tenho o direito
de viver em
um mundo
sem guerras.
Mísseis e bombas
me dão medo.

Tenho o direito de respirar
ar puro,
puro como o azul do céu e
o branco da geleira.

Eu tenho o direito de fazer amigos,
viver em paz e aprender a respeitar o planeta,
bem como todo ser humano
que mora nele,

todo animal
que o povoa,
toda planta
que o alimenta.

Tenho o direito de me expressar,
de falar abertamente
o que penso sobre tudo,
mesmo que não agrade ao papai;
de dizer o que sinto,
mesmo que não agrade à mamãe.

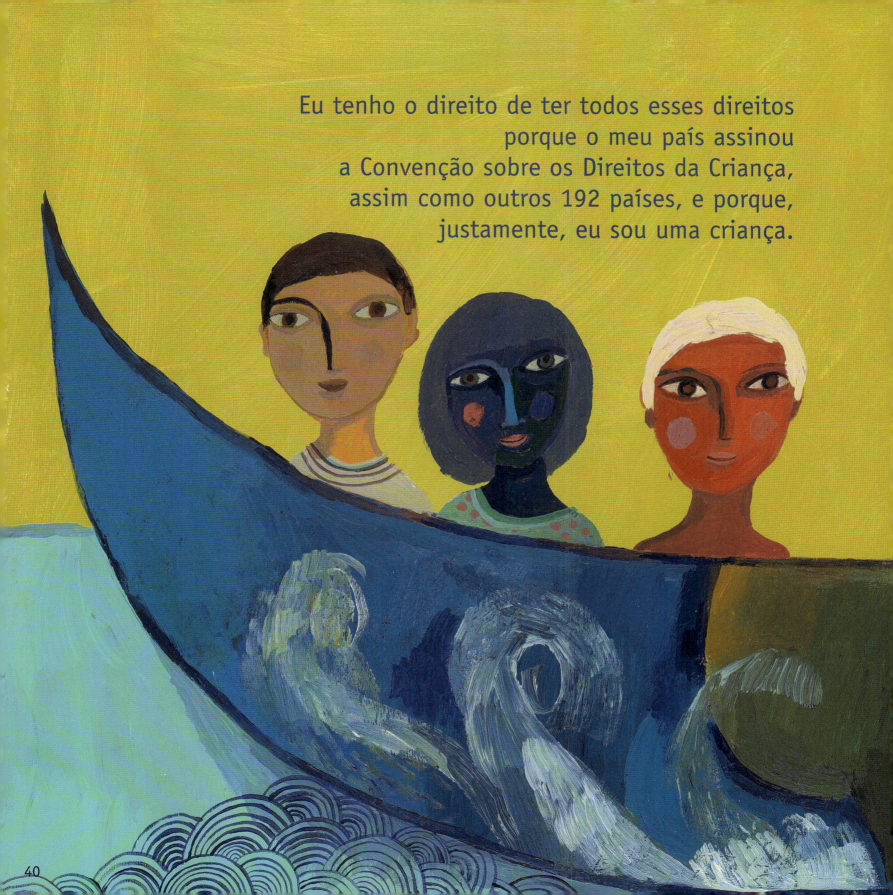

Eu tenho o direito de ter todos esses direitos porque o meu país assinou a Convenção sobre os Direitos da Criança, assim como outros 192 países, e porque, justamente, eu sou uma criança.

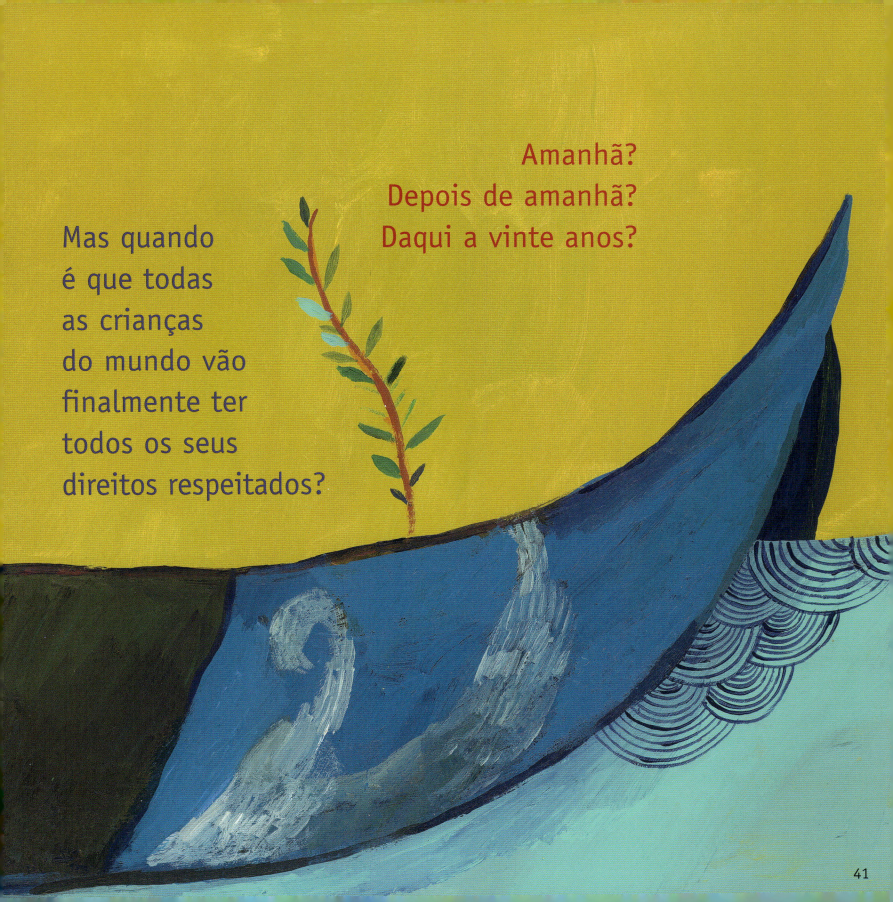

Mas quando é que todas as crianças do mundo vão finalmente ter todos os seus direitos respeitados?

Amanhã?
Depois de amanhã?
Daqui a vinte anos?

Os direitos da criança
são para já.
Porque é agora
que somos crianças.

A Convenção sobre os Direitos da Criança foi adotada em 1989
pela Assembleia Geral das Nações Unidas e assinada por 193 países.
Nesta bela obra, Alain Serres e Aurélia Fronty transmitem aos pequenos
os princípios básicos deste documento.

Sobre o autor

Alain Serres nasceu em Biarritz, na França, em 1956.
Foi professor de jardim de infância durante treze anos e hoje dirige
a Rue du Monde, editora de livros infantis que criou em 1996.
É autor de mais de oitenta títulos para crianças, entre eles *Mandela,
o africano de todas as cores*, também publicado pela Pequena Zahar.

Sobre a ilustradora

Aurélia Fronty nasceu em 1973. Sempre gostou de desenhar. Depois de se formar pela Escola Superior de Artes Aplicadas Duperré, em Paris, trabalhou com moda e mais tarde voltou-se para os livros, especialmente os infantis.

A marca FSC® é a garantia de que a madeira utilizada na fabricação do papel deste livro provém de florestas que foram gerenciadas de maneira ambientalmente correta, socialmente justa e economicamente viável, além de outras fontes de origem controlada.

Esta obra foi composta por Mari Taboada em ITC Oficina Sans e impressa pela Geográfica em ofsete sobre papel Couché Fosco da Suzano S.A. para a Editora Schwarcz em julho de 2023